Hugo Ball

Die Nase des Michelangelo

Der Autor

Hugo Ball (* 22. Februar 1886 in Pirmasens; † 14. September 1927 in Sant'Abbondio-Gentilino, Schweiz) war ein deutscher Autor und Biograf. Außerdem war er einer der Mitgründer der Dada-Bewegung und ein Pionier des Lautgedichts.

Hugo Ball

Die Nase des Michelangelo

Tragikomödie in vier Auftritten

edition mabila

Erstdruck im Ernst-Rowohlt-Verlag 1911

edition mabila
Reihe „Europäische Klassiker“

ISBN 978-1-4710-9968-7

Erster Auftritt

MICHELANGELO *allein.*

Was sträubst du dich noch länger? Ists nicht wahr, daß du
Die Zähne schon verlierst? Daß du aus Leder nur
Und Knochen noch bestehst, und drei Pfund schwerer wiegst,
Weil du die Blase voller Steine hast? Fehlts an
Beweisen für dein Greisentum? 's gab eine Zeit,
Da du noch Bergeshäupter untern Hammer nahmst
Und dich bezähmen mußtest, auf der Straße nicht,
Wenn dir ein mißgestaltet Leib begegnete,
An ihm dein Handwerkszeug zu prüfen. All das ist
Vorbei. Jetzt bist du nichts mehr als ein Wiederkäuer
Des eignen Selbst und der Vergangenheit. Da ist
Er wieder, Torrigiano! »Torrigiano, laß
Mich los! Du würgst mich, Torrigiano,« schreie ich.
Was schreckt mich dieser Name immer wieder auf?
Ein Klümpchen Watte, fest ins Ohr gepfropft, hätt einst
Genügt, derartiges Gespenst zu scheuchen. Jetzt
Hat Freund Cellini Grund, voll steter Eifersucht
Sein Götzenbild Buonarotti zu behüten.
Zermürben wills. – Und doch ist alles Selbstbetrug!
Da humpelst du halblahm auf einem Bein herum
Nach sieben Jahren Pinselstrich im Tempel der

Sixtina. Fiedelbogenkrumm noch vom Gerüst,
Das gestern erst zerfiel, schleppst du den Körper kaum!
Dein Auge hat sich, stets der Kuppel zugewandt,
Den Himmel angewöhnt, wie das des Bettelmönchs.
Was Greisentum! Ist deine Hand nicht Schöpferin
Von einem Werke noch, das, wenn dus morgen nur
Enthüllst, dem Papst die volle Würde erst verleiht?
Besinn dich! Lächerlich! Es ist Verdauenszeit!
Da quälst du dich. Ein andrer holt die Flöte her.
Drum aufgepaßt! Denn da er nicht verkommen ist,
So kommt er noch, der Nasenschlächter Torrigiano!
TORRIGIANO *herein und sinkt ins Knie.*
Was zieht mich auf den Boden hin? Ich will nicht knien!
Ists die Beklemmung? Nein, denn auf der Brust hier steckt
Der Schutzbrief eines Königs! Ists die Ehrfurcht? Doch
Ich habe ja erfahren, wie den Lorbeerkranz,
Und auch wie man den Heiligenschein erwirbt! Es ist
Der Heimatboden, der dich wieder rings umgibt,
Und zu sich niederzwingt! So faß dich, Torrigiano.
MICHELANGELO *vor einer zerschlagenen Statue.*
So kommt er noch. Geputzt hat ihn das Elend nicht!
Der Haufe Schutt verräts in dem und jenem Brocken.
In England kaufen sie sein Werk, zerschlagen es
Und schicken mirs als Huldigung mit dem Vermerk,

Er sei nach Rom her unterwegs, der Torrigiano,
Und deshalb täten sies. Schön Dank dafür! – Gebein
und Rumpf sind Gassenzeug; doch das Gebiet, wo man
Die Brille denken kann im Antlitz, meißelt er!
Was gibts?

TORRIGIANO.

Besuch!

MICHELANGELO.

Sehr ehrenhaft; doch wenn Ihr mit
Mir speisen wollt – es ist die Zeit – so müßt Ihr Euch
Mit Traub und Dattel schon genügen lassen, Bester!

TORRIGIANO.

Ich wählte keine andre Stunde, weil ich Euch
Allein zu treffen hatte.

MICHELANGELO.

Daß mir Muße blieb,
Gehörig zu Befehl zu sein. Verstehe schon
Den Herren Edelmann. Er kommt vom Norden her?

TORRIGIANO.

Bin weder Edelmann, noch auch ein Bärentreiber.
Mein Name –

MICHELANGELO.

Wer hält Namen im Gedächtnis? Nun,
Ihr kommt mir angenehm. Den Stock, mit dem ich sonst

Hantiere, hab ich zwar verlegt –

TORRIGIANO.

Was soll das?

MICHELANGELO.

Doch

Geht her! Da seht Ihr gleich Homers Odysseus zum –

TORRIGIANO.

Einen Odysseus, wie?

MICHELANGELO.

Warum erstaunt Ihr? Zum

Exempel als ein Stück, das zwar –

TORRIGIANO.

zertrümmert ist

Und doch aus Michangeloscher Hand! Er tuts,

Wenn ihn der kleinste Zehennagel nicht befriedigt.

MICHELANGELO.

– zertrümmert ist und doch den Hammer zücken hätt

Gedurft auf jene Lumpe, die sich ihm genaht!

Es kommt aus England her, schon mit dem Todesstreich

Aus Nebelgegenden stammt Euer Bart ja auch –

TORRIGIANO.

Aus England her?

MICHELANGELO.

Und sollte eine Huldigung

Mir sein, weil es die Arbeit eines Mannes ist,
Der mir die Nase einst zum Klumpen schlug. Ihr könnt
Die Narbe des entstellten Gliedes heut noch sehn,
Doch zu verächtlich ist mir solche Huldigung,
Ein Zeichen aus Barbarenland. – Was hats mit Euch?
Ihr krallt die Nägel in den Tisch und werdet fahl?
Mein Wort galt Euren Vettern auch, nicht Euch allein!

TORRIGIANO.

Hört auf! Ihr irrt. Ich kenne den, ders meißelte.
Wenn ich erschrocken bin, ists, weil mich, was ich seh,
Zu unerwartet trifft; fast wie ein Ahnungsblitz,
Voll eines Schicksalklangs aus Grauen und Gelächter.
Da ist ein Mann, der nur ein Nasenbein zerschlug,
Der dafür in den Tod gehöhnt wird und der doch,
Ihr selber sagts, berufen war, gekrönt zu werden.
Ein Mann, der als ein Knabe einen Knaben schlug
Im Hain des Medici Magnifico, weil er
Den Spott auf eine Kunst nicht länger duldete,
Die schlechter war als Eure, doch auch fleißiger,
Und der dafür wie an das Scheunentor der Kauz,
An Eures Ruhmes Wand genagelt werden soll.

MICHELANGELO.

Du kennst ihn? Bist sein Freund? Wohl gar vorausgeschickt,
Im bösen Rom dich umzusehen, ob man es

Betreten könne? Daß die Vorsicht angebracht
War, das bewies dir also jüngst der Volksaufstand,
Als das Gerücht verbreitet war, dein Freund sei hier,
Der Papst es aber närrisch fand, die Stadt nach ihm
Bis in die Katakomben zu durchstöbern. Was
Dir denn noch fehlt, vernimm! Wohl ist die Nase nichts
Als ein Kanal, den jedes Schnupftuch trocknet. Ich
Jedoch bin Bonarotti, aller Menschenform
Gestalter und Verklärer, der am eignen Leib
Sein Leben lang Verunstaltung zu schleppen hat.
Die latschenhafte Häßlichkeit der Nase schafft
Mir Spott, und Hohn soviel ich Feinde habe; geh
Ich auf der Straße, bildet sich von Lachern, die
Den Lippenmuskel fletschen, ein verflucht Spalier.
Dafür ist seiner Buße Maß mir noch nicht voll
Genug; ganz zu geschweigen, daß es Leute gibt,
Die ihres Meisters Qualen tiefer fühlen als
Der Meister selbst, und daß somit von mir allein
Nicht abhängt, wie es ihm ergeht, wenn er in Rom
Erscheint. Das sage ihm! Du selbst nimm dich in acht:
Die sieben Hügel tragen ein gefährlich Pflaster!
Weich meinen Schülern aus und spute dich davon!
TORRIGIANO.
Das sagst du einem Späher. Doch zum zweiten Mal

Irrst du. Ich bin Pietro Torrigiano selbst.

Sieh her! Wer zeichnet so?

Zieht ein Blatt hervor.

MICHELANGELO.

Nur einer! Ja, du bists.

TORRIGIANO.

So siehst du, daß man dreißig Jahre im Exil

Verkommen kann und doch dann seinen Mann noch stehn!

MICHELANGELO.

Was kamst du her nach Rom?

TORRIGIANO.

Ein König fand sich: da

Erkannt ich, wer ich bin.

MICHELANGELO.

Was willst du?

TORRIGIANO.

Abrechnung

Mit dir, wies Männern ziemt! Die Wiedereinsetzung

In seinen Staat vom Papst, und Rechenschaft will ich

Von deinem Anhang, der mit purem Schall mir stets

Die Existenz umblies.

MICHELANGELO.

Du hoffst dir?

TORRIGIANO.

Menschlichkeit,

MICHELANGELO *sarkastisch.*

So sprich! Ich bin die erste deiner drei Instanzen.

TORRIGIANO.

Erinnere dich! Was wars für eine Freveltat
Die ich an dir verübt? Es war noch zu Florenz.
Wir saßen vor den Fresken des Masaccio. Mit
Viel Fleiß und Schweiß, wir andern. Du, der Ältere, warst
Des Fürsten Liebling, kamst mitunter, sahst uns zu.
Dann gingst du im Gefühl der Überlegenheit
Von Brett zu Brett und ließest deinen Überfluß
Satirischen Gewitzels los. Zur Fledermaus,
Wie sie die Buben spannen, ward mit einem Zug
Der Kruzifixus. Die Madonna wandelte
Sich um zu einer Marketenderin, die statt
Des Leichnams einen Schnapsbetrunknen koste. Längst
Für jene andern hatte sichs in mir empört.
Ich sah sie mühsam immer nach dem Höchsten ringen.
Da sollt es sein: Du kamst auch mir zu nah und ich
Verstand den Spaß nicht: Als mein Brett mir eine Waffel
Wies, wo die Nase Petri vorher stand, da flog
Dir meine Faust ins Angesicht und du fielst um.

MICHELANGELO.

Daß ich für tot hinweggetragen ward!

TORRIGIANO.

Nun mußt
Ich fliehn und floh von Stadt zu Stadt: zuerst nach Rom,
Dann nach Venedig. Schließlich war der Aufenthalt
Mir in Italien nur dann noch möglich, wenn
Ich mich zum Unflat eines Heeres werben ließ.
Es tanzten unterm Taktschlag des Magnifico
Ja hundert Griffel in Florenz, die mein Porträt
Als Steckbrief in das kleinste Kaff entsandten. Was
Hatt ich so Hochnotpeinliches verschuldet? Sags!

MICHELANGELO.

Dir ward die Kunst versagt. Mir säuerte das Leben.
Du warst geflohn: verflucht dreimal das Tageslicht,
Der Spiegel, der mein Bild mir zeigt, der Diener und
Der Freund, der sich die Türe nicht verrammeln läßt!
Ich komme mit den Hunden in Konflikt, weil ich
Des Nachts nur meine Hütte noch verlasse und
Wie sie den hellen Mond anbelle.

TORRIGIANO.

Das ging mit
Dir selber heim.

MICHELANGELO.

Den ersten besten Prügel greif
Ich und zerschmettere den Schurken, der mirs tat!
Man wird das Lachen dann verbeißen.
TORRIGIANO.
Nimmermehr!
Du weißt nicht, was ich schon ertrug. Als du nach Rom
Gegangen, nahm dein Ruf zu, rascher als der Mond.
Ich knetete im Lager Lehmpopanze aus.
Anstatt mit Weibern wie ihr andern, lagerte
Ich mit der Ziege, brannte Mord, trieb Ranzion
Mit denen Landsknechtshaufen und bezechte mich,
Daß Rausch, Betäubung, Fallsucht eines war.
MICHELANGELO.
Man sagt,
Daß einem Bilde, das du heimlich hingekleckst,
Zum Sonntagsspaß die Augen ausgeschossen wurden.
TORRIGIANO.
Unmöglich war dir damals kund, was mir geschah.
Du hättst es dir genügen lassen, und ich ständ
Nicht hier.
MICHELANGELO.
»Sorgt mir, daß er sich Hoffnung macht, und raubt
Sie ihm dann wieder«, dacht ich. So sehr haßt ich dich.
Doch jetzt sollst du Gewißheit haben: Schere dich

Zum Henker! Meine Zeit ist hin!

TORRIGIANO.

Weil ihm nun statt
Der Nase im Gesicht ein Fragezeichen stand,
Und er mit seinem Schneuztuch einen Knollen statt
Der altgewohnten Rübe in die Hand bekam!
Du mußt mich reden lassen, Michelangelo!
Cesare Borgia meuchelte im Angesicht
Des Vaters seinen Bruder hin um den Besitz
Der Schwester. Papst und Cäsar endigten durch Gift.
Mich schlugs nach Spanien, nachdem ich lang genug
Gewartet, daß du riefst. Dort wars: Ein Nobile
Sieht meine Marmorbüste der Maria; noch
Im Stein. Verspricht mir das Gewicht dafür in Gold
Und bringts in Pfennigen! Ich habe die Figur
Zerschmissen! Torrigiano, meinte er, der den
Buonarotti schändete, der sei genug
Bezahlt, wenn man ihn kenne und nicht namhaft mache.

MICHELANGELO.

Solls mir das Wasser aus der Tränenfistel pressen?
Er hieß Orsini und es war die Zeit, da ich
In Rom verschrieen ward als scheusälig und stolz.
Als zynisch und unnahbar. Ja, die Zeit war es.
Er hatte Briefe von mir selbst, dich zu vernichten.

Ich sage: Fort! Mir aus dem Aug! Ich brauche nur
Zu rufen und man schlägt dich in die Ecke dort
Hinein!

TORRIGIANO.

So rufe!

MICHELANGELO.

Diener, he!

Zwei Diener erscheinen, denen Michelangelo aber sogleich wieder abwinkt.

Ich kann es nicht!

TORRIGIANO.

Ich wußte, daß du es nicht kannst. Mein Totenkopf,
Als erster hätte er mit Recht gegrinst. Es ist
Ein andrer Fall, wenn man sich Stirn vor Stirne steht.
Wenn du mich selber doch verfolgtest, wußtest du
Auch davon: daß ich nun Inquisitionsprofoß
In Deutschland werden konnte, eingestellt, weil ich
Von Spanien kam und dort der Pfaffe Meister war
Im Schinden; daß ich Ketzerblut nun kelterte;
Mit glühnder Zange nun die Rasse reinigte
Von schnödem Haar und Knochen renkte, daß zuletzt
Mir jedes nicht verzerrte Wesen scheußlich schien?

MICHELANGELO *für sich.*

Ich haßte ihn und hasse ihn nicht mehr. Das ists:
Ich fühl ihn tief mit mir verwandt, und was er mir
Einst antat, hat sich jetzt verjährt; verjährt, wie sich
Buonarotti selbst verjährte. Was versteif
Ich mich auf Unerbittlichkeit?

TORRIGIANO.

»Ich haßte ihn
Und hasse ihn nicht mehr?« Nein .. nein .. ich habe falsch
Gehört! Was wollte ich denn noch? Was wär ich noch?
Auf Milde hab ich nicht gerechnet!

MICHELANGELO *immer noch für sich.*

Mensch bleibt Mensch.
Die Hand weg vom Ixionsrade! Keiner hemmts!
Das ist der Kehraus zu dem Fastnachtsstück von Leben,
In dem ich Narr sein sollt und keinen Spaß verstand!
Doch kann ich selbst den Mann nicht mehr zerschmettern, soll
Er auch von der Zelotenschar, die draußen paßt
Auf ihn, nicht abgeschlachtet werden. Nein, dann sei
Er auch befestigt wieder wie ers war, und zwar:
In Rom hier mitten unter den Fanatikern.
Zu spät ists nie. Geht Same, der auf Felsen fiel,
Doch nach Jahrzehnten noch mit grünem Ausschlag auf!

TORRIGIANO.

Da kommt er mir entgegen! Ists der alte Traum?

MICHELANGELO.

Die Hand her, Torrigiano! Warum so erstaunt?
Ists unerhört, daß der, den wir zumeist verfolgen,
Am Ende unser Nachbar wird und Hausgenoß?
Als dich dein König aus der Themse ziehen ließ,
Und du ihm halb ertrunken über dein Geschick
Die Auskunft weigern wolltest –

TORRIGIANO.

Künstler suchte er.
Er ließ sie nirgends untergehn. Er war ein Mensch.

MICHELANGELO.

Auch damals noch in England war ichs selbst – genug!
Ich triebs zu weit! Ich seh es ein. Doch dafür reizts
Mich nun, dich deshalb grad zu schützen, weil ich weiß,
Wie Rom dann an dir in die Höhe kläffen wird.

TORRIGIANO *stößt Michelangelos Hand zurück.*

Ein schlechter Spaß? Denk an Florenz! Ich bin der Mann
Nicht, der sich foppen läßt, und dächt, das wüßtest du!

MICHELANGELO.

Und wenn ichs weiß!

TORRIGIANO.

Du mußt gestehn, ich hab ein Recht,
Dir zu mißtraun!

MICHELANGELO.

Wenn du an dir hinunterschaust:
Die Vogelscheuchen, die verfolgt man nicht!

TORRIGIANO.

Es gibt
Ein ätzend Wort. Das dachte ich dir ins Gesicht
Zu schleudern und zu gehn. Gewissen heißt das Wort!

MICHELANGELO.

Nichts mehr davon!

TORRIGIANO.

Dann nur noch eins, auf Mannestreu:
Da ist ein Hitzkopf, der Cellini heißt, statt Blut
Veltliner in den Adern hat. Manchmal soll er
Dir näher als dein Schatten sein. Hast du bedacht,
Was der zu deinem neuen Schützling sagen wird?

MICHELANGELO.

Ich nenn ihn meinen Schwarmgeist, meinen Jugendbold!
Ich weiß: Er ist das Haupt der Eifrer gegen dich.
Es soll ihm eine Lehre werden. Unbesorgt!
Gerade der wird dann ein Werkzeug für dich sein!

TORRIGIANO.

So nehm ich beide Hände, Michelangelo!
Für jetzt nur das!

Händedruck.

Denn stottern will ich nicht, und noch

Klemmts mir die Brust zu sehr. Hast du mich vor den Papst

Geführt und ist das Pergament zerrissen, das

Mich in den Bann tat, so wirds anders sein.

MICHELANGELO.

Ich zieh

Mein andres Kleid an und wir gehn.

Ab.

TORRIGIANO *allein.*

S'ist lächerlich!

Das war mein Plan: Von hier zum Papst, vom Papst hernach

Zum Advokaten, und von dem ins Wasser, um

Die Leichenfleddrer nicht zu foppen. O ich Tor!

Ich glaubte, die drei letzten Nägel fehlten nur,

Den Sarg in meiner Brust ganz zuzuschließen, der

Mein Lebensgut enthält, und nun geschieht es mir,

Daß ihn ein Seufzer sprengt und in die Sonne wirft!

MICHELANGELO *kommt umgekleidet zurück.*

Beim Papste hab ich stete Audienz. S' ist nur

Die Formel der Begnadigung, was warten läßt.

Solange bleibst du noch versteckt. Du wirst mir bei
Enthüllung der Sixtina dann zur Seite stehn.

TORRIGIANO.

Ob meines Anzugs sorg ich nur! Er bricht wie Zunder!

Zweiter Auftritt

MICHELANGELO.

Was ist das für ein Jasten draußen und Gegröhl

Der Gassenjungen? Zwischendrin ein Schwein! Und jetzt

Evivarufe vor der Tür? Vom Fenster weg

Du mit dem Ferkel dort! Gibts keinen Fremden mehr,

Der einen Batzen für euch in die Tiber wirft?

Dann spült euch dort den Schmutz ab, statt euch hier zu räkeln.

Cellini ists. Ich kenn ihn an der Stimme. Wohl

Klingt sie und golden.

CELLINI *mit einem Schwarm von Pilgern auftretend.*

Hier herein müßt ihr, ihr Herrn!

Doch erst das staubige Lederzeug vorn Fuß gestreift,

Den Stock ins Eck gestellt, und das Barett, wers trägt,

Vom Kopf genommen! Nicht nur in Jerusalem

Gibts Boden, drauf der Fuß mehr brennt, wenn Sohlen drunter!

MICHELANGELO.

Habt aber acht! Am Boden hier klebt Material

Zu einem Regenbogen!

CELLINI *winkt seinen Begleitern ab.*

Michelangelo,

Es ist ein Schwarm Scholasten, Edler und Studenten.

Der eine kommt von Franzland her, der andre hoch

Vom Pol. Der dritte hat –

MICHELANGELO.

Was führt sie her? Will zu

Carrara man im Steinbruch nützlich sein – Zuviel

Der Ehr, doch schlag ich ein: Um Himmelfahrt fängt dort

Die Arbeit wieder an. Wenn nicht – so schick sie fort!

Denn andres stört mich heut.

ERSTER STUDENT.

Kumpan, der also dort

Mit der Malaienfratze ist Buonarotti?

CELLINI *zurücksprechend.*

Schwarzgallig ist er immer, wenn das Wetter trüb.

ZWEITER STUDENT.

Sieh dir die Nase an: Wie sie sich erst verwirrt,

Die Richtung auszufinden und dann doch rechts schwenkt!

CELLINI *zu Michelangelo.*

Die Alpenwand vermochte nicht mehr deinen Ruf

Zu stauen. Schäumend brandete er drüber weg.

Das zog sie her. Und so ertrugen sie zu fünft

Den Kropf der Lombardei, zu zehnen in Florenz

Den Sonnenstich, um endlich drüben vor dem Dom

Nach deiner Werkstatt umzuirrn wie am Plafond

Das Mückenhäuflein irrt, wenn man das Licht wegschob.

MICHELANGELO.

Und nun?

CELLINI.

Frohlockt Cellini, daß er seinerseits

Auch Michelangelo einmal gefesselt hält.

Gemach! Ich hatte eben eine Rauferei

Mit dem Orsini, der mir spöttisch neuerdings

Von Torrigianos Gegenwart im hiesigen Rom

Zu wissen tun versuchte.

Michelangelo hält den Torrigiano zurück.

Blutige Köpfe gabs.

Da wollte ich mich erst verschnaufen, eh ich kam,

Damit du nichts zu schelten hättst und machte mich

An diese wackren Leute ran. »Ei«, denk ich, »das

Geschwätz hat sicher ihn auch schon erreicht. Du nimmst

Sie mit –

MICHELANGELO.

und?

CELLINI *leidenschaftlich.*

läßt sie

Die andern stimmen ein.

huldigen!«

MICHELANGELO *abweisend.*

Dem Papst, nicht mir!

Er nennt sich Stellvertreter Gottes und beweists.

Vor ihm kniet hin! Dem Papste schwenkt das Weihrauchfaß!

Vor meiner Kunst steht aufrecht, oder ihr seid Lumpe!

CELLINI.

Das mir?

Zu den Begleitern.

Erwartet mich!

MICHELANGELO.

Du treibst es mir zu toll.

Als du für diesen Madensack, der Angelo

Buonarotti heißt, ausbrachst in heiliger

Verehrung – denn das wars – ich sagte nichts dazu,

Daß du allmählich ganz, im Tonfall deiner Stimme,

In deiner Geste und der Art zu lachen dich

Als meinen unbewußten Doppelgänger zeigtest.

Die Jugend, dacht ich mir, sie braucht stets ein Zuviel,

Wenn sie nicht viel zu wenig haben soll. Ich lachte,

Wenn man dich Henker schmähte weil du jedermanns
Barett vom Kopfe schlugst, der in den Weg uns lief
Und zog es nicht. Erst als sogar der Papst mich schalt,
Ich halte teuflisch dich besessen und verwirrt,
Da machte ich dich allerorten lächerlich,
Und ich erzählte, wie du mir ein schmutzig Hemd
Einmal vom Spinde stahlst, um eine Nacht darin
Geträumt zu haben; wie du eines Feiertags
Mir einen Sessel brachtest, Blumen eingestickt,
Wo sich das Steißbein reibt.
CELLINI *zurückspringend.*
Du bist mir höchst verhaßt
In diesem Augenblick!
MICHELANGELO.
Wohl! Eine Zeitlang hieltst
Du Maß. Dann aber wurde Götzendienerei
Aus der Verehrung und am Ende Tyrannei.
CELLINI *zu Torrigiano.*
Ihr hörts! Es war sein Fehler immer, daß es ihm
An Selbstgefühl gebrach. Er geht noch dran zugrund.
Er fühlt sich nicht und so verliert er sich im Dunst!
MICHELANGELO.
Solang du nur den Hof- und Etikettenmeister
Nun an mir spieltest, sah ich dir, belustigt fast,

Aufs neue zu. Nun dirs jedoch Vergnügen macht,
Mir jeden hergelaufnen Wicht als Huldiger
Heranzuschleppen, greifst du mir die Mußezeit
Und meine Freiheit an, ja machst mich lächerlich,
Setz ich dir keinen Punkt.

CELLINI.

Und also, du Mann Gottes,
Der mir verehrungswürdig und -bedürftig scheint
Wie nie?

MICHELANGELO.

Laß dir hier einen neuen Freund vorstellen.

CELLINI.

Mir einen neuen Freund?

TORRIGIANO *zu Cellini.*

Was haßt Ihr mich?

MICHELANGELO.

Es ist
Pietro Torrigiano!

Pause.

CELLINI *lacht hell auf.*

TORRIGIANO.

Ja, ich bins.

CELLINI.

Muß ich

Schon wieder diesen ganz verruchten Namen hören?

Doch, als ein Spaß, ists jetzt entdeckt, was uns gefoppt!

Zu Ephesus hat ein gewisser Herostrat

Den Tempel der Diana einst in Brand gesteckt,

Um sich berühmt zu machen. Minder nicht nach der

Unsterblichkeit verlangend nahm der wirkliche

Und echte Torrigiano sich ein Beispiel dran

Und schlug die Nase Michelangelos entzwei.

Und nun kommt einer her, der uns betrügen möchte,

Gibt sich für Torrigiano aus und ist doch nur

Ein Dunkelmann, der jenem solch Berüchtigtsein

Noch neidet. Was für eine Narrenwelt!

MICHELANGELO.

Ich fürcht,

Die Dinge gehen schief,

Zu Cellini.

Du irrst.

TORRIGIANO.

Und noch einmal:

Ich bins. Gib deinen Haß auf! Laß vergessen sein,
Was es einander vorzuwerfen gibt!
CELLINI *lachend.*
So willst
Du also elendig zugrund gehn, wie du weisst,
Daß es dem Florentiner zugedacht?
MICHELANGELO.
Daß ich
Nicht den, nicht jenen kann verdammen!
TORRIGIANO.
Wollten wir
Nicht vor den Papst, Buonarotti?
CELLINI *argwöhnisch und feindselig.*
Sieh dich vor!
Sorgfalt verwandtst du auf dein Schwindelkleid! Bis zur
Berechnung, daß sich Torrigiano unterwegs
Den Bart wohl schießen ließe, triebst dus!
TORRIGIANO *stampft mit dem Fuß.*

CELLINI.
Ja, ich weiß:
Du könntst mir auch, getreu gefälscht, den Königsbrief
Von England zeigen. Ists so?
TORRIGIANO.

Eins jedoch trügt nicht!

Ich bin bereit dazu.

CELLINI *lauernd.*

Ja, eins gehört allein

Dem echten Torrigiano an.

MICHELANGELO.

Cellini, hör!

Du wirst vernünftig sein. Die Dinge ändern sich.

CELLINI *zu Torrigiano.*

Wirf Michelangelos Profil auf dieses Blatt!

TORRIGIANO *höhnisch.*

Ich tats bereits. Drehs um!

MICHELANGELO.

Halloh!

CELLINI.

Dem Teufel stand

Ich gegenüber und sah seinen Pferdfuß nicht!

Gegen die Tür.

Herbei, herbei, Gesellen! Torrigiano ist

Wahrhaft in Rom!

DIE MENGE *die sich an der Tür versammelt hat.*

Der Torrigiano ist in Rom?

Wo ist er denn?

CELLINI.

Man sagt von der geängsteten
Und ganz verscheuchten Kreatur, daß sie gradaus
Ins Feuer rennt bei einem Brand. Wahr muß es sein!
Wagnis und Tollkühnheit sind nicht die Namen mehr:
Der dort ists selbst, der Meister Michelangelo
Das Nasenbein zerschlug. Fort, streut es in die Gassen!

MICHELANGELO.

Dreimal verfluchte Gaukelei!

CELLINI *beugt vor Michelangelo das Knie.*

Hab Dank, daß du
Ihn hieltst.

Zu Torrigiano.

Zieh, Schuft!

TORRIGIANO *zu Michelangelo.*

So wärs Verrat?

Zu Cellini.

Dann wahre dich!

Hitziges Gefecht.

MICHELANGELO.

Laß ich sie fechten, stell ichs ihrem Stahl anheim,
Sich einen wegzufressen?

Cellini erhält eine Stirnwunde.

Eine Lösung wärs.
Der eine hat mein Wort. Der andere mein Herz
Es muß sich anders, muß sich sittlich klären.

Er tritt zwischen sie.

Halt!
Kein Mißverständnis!

Zu Cellini.

Nirgends gab ich dir das Recht,
In diesem Raum jemanden feindlich anzufallen;

Zu Torrigiano.

Dir einen Grund, an meinem Wort zu zweifeln. Steckt
Die Degen ein!
TORRIGIANO.
So führ mich vor den Papst! Ich darfs
Nun doppelt fordern.
CELLINI *zu Michelangelo.*
Vor den Papst? Was will er dort?
MICHELANGELO.
Er ist mein Feind nicht mehr. Ich habe ihm verziehn.
CELLINI.
Man hängt ihn an der nächsten Vogelfelle auf.

Zu Torrigiano.

Schlugst du die Nase des Buonarotti ein,
Streckst du die Zunge dafür raus! S' ist billig Recht.
MICHELANGELO.
Cellini, hör mich an!
TORRIGIANO *zu Cellini.*
Ich habe vorerst nichts
Mit dir zu tun. Wenn du auch Rechenschaft mir stehst,
Die Stunde ist doch noch nicht reif dazu! Jetzt machst
Du dich nur lächerlich vor mir.
CELLINI.

Das ist denn doch –

MICHELANGELO.

Darnach, daß ich dir ohne Umschweif sage: Mit
Pietro Torrigiano hab ich mich vorhin
Nicht nur versöhnt, ich hab ihm auch die Amnestie
Versprochen.

TORRIGIANO *triumphierend.*

Nun, Cellini, lenkst du ein?

CELLINI *zu Michelangelo.*

Du hast
Dich – –

MICHELANGELO.

mit ihm ausgesöhnt.

TORRIGIANO *zu Cellini, höhnisch.*

Du schweigst?

CELLINI *zu Michelangelo.*

Du hast ihm gar – –?

MICHELANGELO.

Die Amnestie versprochen.

CELLINI.

Schwörs!

MICHELANGELO.

Beim Sakrament,
Nun ists genug! Wahr ists, ich liebe alles, was

Den Gärtner lobt; was aus dem Stengel glüht, geschützt
Von zarterhobnen Händen, die dem Nordwind wehren,
Und wage an der halberschlossnen Rose kaum
Zu riechen, weil ich fürchte, sie verdorrt. Denn ich
Bin ruppiger Natur. Das Schlinggewächs jedoch
Und Rankenzeug, das nach dem Fuße greift und ihn
Verstrickt, das lieb ich nicht. Benimmt es mir den Schritt,
Dann reiß ich's aus.

CELLINI.

So hab ich hier nichts mehr zu tun.
In diesem Augenblicke fand ein Schisma statt:
Es trennte heftig sich von Michelangelo
Sein besseres Gewissen, das bin ich. Nun traf,
Was mir in schweren Träumen mancherlei das Herz
Erschreckte, nun trafs ein! So standen sie, wie jetzt,
Die Füße nach derselben Richtung setzend, da,
Freundselig. Geht denn das mit rechten Dingen zu?
Schnöd ists und gradaus seis erklärt: Es breitet sich
Ein müffiger Geruch aus über den, der nicht
Der wahre Michelangelo mir bleibt. Was lag
Mir je an einem Leib! Die Geister wehn hindurch
Und er zerfällt! Auf seinen Namen kommt mirs an!
Die Achtung dem zu wahren, wie sie ihm gebührt,
Dazu bin ich berufen, wärs auch wider ihn.

Zu Michelangelo.

Drum: Kennst du mich nicht mehr, ists, weil Cellini jetzt

Für den Buonarotti strebt, deß du dich nicht

Mehr würdig zeigst.

TORRIGIANO.

Das ist ein toller Spuck!

MICHELANGELO.

Dann rasch,

Mondsüchtiger, der auf Dächern geht! Ich ruf dich an.

Was wirst du tun? Wirst du den Aufruhr schärfen in

Der Stadt? Wirst du dem Manne hier die Hand zum Bund

Hinreichen? Gib Entscheid! Die Stunde drängt. Mein Wort

Steht auf dem Spiel.

CELLINI.

Weh, wie verzerrt stellt er sich dar!

Ich soll die Hand dem Manne reichen, der ihn selbst,

Mutwillig wie der Buben Schar die Distel köpft,

Geschändet hat für Lebenszeit; dem er verzieh

Aus Mitleid und Gewissen! Daß ein anderer,

Dem er die Perspektive beibringt, sich das Recht

Nimmt, ihm ein Aug herauszuprügeln; denn die Kunst

Hätt er auch diesem Mann geschmäht.

TORRIGIANO.

Um zwei Zoll hätt
Ich tiefer treffen sollen!

MICHELANGELO.

Benvenuto, nun?

CELLINI.

Versuchs! Doch du verführst mich auch nicht wider dich!
Ich kenne meine Pflicht. Durch Unbestechlickeit
Bring ichs vielleicht dahin, daß du dich noch besinnst.

TORRIGIANO.

Ich meuchle ihn!

MICHELANGELO.

So gibts nur eine Möglichkeit,
Daß wir verbunden bleiben: Eil und bring sogleich
Das Volk zur Ruh, das draußen durch die Gassen schreit!
Dann steht dirs frei, wenn ich um Torrigianos Wohl
Zum päpstlichen Gestühl hintrete, gleicher Zeit
Vom selben Richtermund den Todesspruch für ihn
Zu fordern.

TORRIGIANO.

Was ist das?

CELLINI *triumphierend.*

Wohlan! Jetzt hörte ich
Den Michelangelo von ehedem!

Zu Torrigiano.

Gewiß:
Stirbst du gerichtet, sparn wir das Begräbnis! Die
Justiz besorgt es mit. Auf Wiedersehen denn!

Ab.

TORRIGIANO.
Das war ein Schritt, der mir zu denken gibt! Denn wer
Nicht für mich ist, ist wider mich.
MICHELANGELO.
Das Volk wird still
Und vor dem Papst vermag er nichts! Du hast mein Wort,
Und dabei bleibts.
TORRIGIANO.
Der Jugend, dem Cellini und
Den Wetterfahnen trau ich nicht! –

Horcht.

Ein zweiter Freund?

Dritter Auftritt

EIN HEROLD.

Der Künstler Michelangelo Buonarotti

Bereite sich für seine Heiligkeit den Papst!

MICHELANGELO.

Dank für die Ehre! Ich erwarte ihn.

Der Herold ab.

Besuch

Vom Papst? Was soll mir das?

TORRIGIANO.

Das Volk kam uns zuvor.

MICHELANGELO.

So kennt er schon den Handel und wir brauchen ihn

Nicht nochmals durchzukäun.

TORRIGIANO.

Ja, ja! So kennt er ihn!

DER PAPST *tritt auf in pontificalibus mit einem mäßigen Gefolge, das ungefähr dieselbe Zahl aufweist wie die auf der entgegengesetzten Seite erschienenen Schüler des Michelangelo, die sich in einiger Entfernung hinter Michelangelo und Torrigiano aufstellen.*

Den Gruß erlaß ich euch. Das Schauspiel auf dem Weg

Hierher tat mir genug.

Zurücksprechend.

Naiver Witz! Man knickt
Ein Bein ein, um geköpft zu scheinen! Apropos,
Herr Kardinalbischof, ist auch gesorgt dafür,
Daß nur ein simpler Priester nun das Opfer bringt,
Und den paar alten Weibern, die noch drüben knieen,
Den Gott zu essen gibt, nach dem es sie verlangt?

KARDINAL AUS DEM GEFOLGE.

Es ist gesorgt dafür!

DER PAPST *zu Michelangelo.*

So komm ich, Meister, denn
Zu Euch! Schon wieder schwingt die Luft von dem Geschrei:
»Der Torrigiano ist in Rom!«, als hätte man,
Wie von dem sonderbaren Fisch der neuen Welt
Geschrieben steht, die Eier, die man jüngst gelegt,
Im Maul nun ausgebrütet. Galts das vorige Mal,
Erst noch nach ihm zu suchen, so heißts heut: er steht
Leibhaftig in Buonarottis Werkstatt. Schon
Will ich, als Pontifex zum Peterpaulstag, sehn
An meiner Kirchengängerzahl, was im Bericht
Von Auflauf und Gezeter übertrieben war,

Da poltert mir der Abt Sangallo ins Gemach,

Steht da, pumpt sich den Schweiß heraus, und sagt zerrissen:

»Der Michelangelo hat sich mit ihm versöhnt!

Der Pofel will Buonarottis Bilder sehn!

Den Torrigiano hängt man, wenn man ihn erwischt!«

MICHELANGELO.

Das Zweite, heiliger Vater –

DER PAPST.

Unbesorgt! Es soll

Uns vor ein Werk, in dem ihr sieben Jahre lang

Dem Schöpfer seine ersten Menschen nachgeäfft

Und ihm sein jüngst Gericht vorweggenommen habt,

Kein andrer als ihr selber führen. Dreifach ward

Sogleich die Wache aufgestärkt. Ich aber sprach,

Als draußen ich den schwarzen Teig sich wälgern sah:

Gebt mir, beim Behmot und Leviathan, den Stab!

Da muß ich eilends doch zu Michelangelo,

Um selbst zu sehn!

MICHELANGELO *verbeugt sich.*

DER PAPST *mit dem Stab stampfend.*

Nun, nun? Anstatt zu reden, beugt

Ihr euch, zerdrückt die Worte vollends, die im Bauch

Sich bilden wollten, um herauszukommen? Als

Man die Durchstöberung der Katakomben jüngst
Von mir erzwang, da war ich lächerlich. Da hat
Nur die vereinte Schwadronnade aller Kanzeln
Des Abendlands mein Ansehn wiederhergestellt.
Seid ihr von Sinnen, daß ihr glaubt, um einen Schnack
Werd ich ein zweites Mal mir allerorts Tumult
Und Glaubensstreit heraufbeschwören? Unser Volk,
Vernehme ich, und Michelangelo sind nicht
Ganz einig. Was ist dran, und worum handelt sichs?
Wer schlichten will, muß beides wissen, und ich wills!

MICHELANGELO.
Wohl! So vernehmt in Unterwerfung!

DER PAPST.
Aber faßt
Euch kurz! Man könnte kommen, eh wir fertig sind.

MICHELANGELO.
Hier steht Pietro Torrigiano aus Florenz
Und er bewies es, daß ers ist.

Hebt die Zeichnung auf.

DER PAPST *fixiert den Torrigiano.*
Durch ein Papier
Erst noch? Du hast ein trotziges Gesicht, mein Sohn!

TORRIGIANO.

Nicht trotziger als mein Geschick erbärmlich war!

MICHELANGELO.

Ich weiß nicht, was man Euch von ihm berichtet hat.
Vor grellen Taten werden Haß und Liebe blind
Und deshalb reden sie auch irr davon. Wahr ist:

TORRIGIANO.

Daß ich

Auf Michelangelo deutend.

dem Manne, als er noch ein Knabe war.
Der, als Charakter, in Florenz bei weitem nicht
So viel wie ich, der üble Torrigiano galt,
Das Nasenbein zerschmetterte – im Jähzorn wars –
Weil er ein Bild mir schmähte. Wahr ist:

MICHELANGELO.

Machst dus so?
Dann fahr auch hin!

Sucht den Meisel.

TORRIGIANO.

Ja dreimal wahr ist, daß ich dann

Bei dreißig Jahre lang verkommen mußte; wahr,
Daß ich, als schon mein Bein zur Grube schlotterte,
Mich doch noch auf – und hierher raffte, abzurechnen.
Eh ich verfaulte, mit den Scharlatanen, die
Die Gläubiger meines Lebens spielten. Innen spürt
Ich: Richtigkeit muß sein!

DER PAPST.

Du schweigst! Wer fragte dich?
Du, Michelangelo, kehr mir an deinen Platz
Zurück! Das ist er schon, der Rohling, wie man ihn
Mir schilderte! Doch das zu wissen, tut nicht not.
Was ist vielmehr geschehn, wie er nun hier erschien?

MICHELANGELO.

Er schlug von Anfang bis zu End die Karten auf,
Die so verzerrt uns zeigen. Ja, er litt. Ich kann
Nur schwer verwinden, doch ich reich ihm meine Hand.

TORRIGIANO.

Was ich jetzt sage, das beweise ich! Er spricht,
Als hab ers aus Barmherzigkeit getan. Indes
Verfluchte er sich nur, daß er nicht langer könnt
Um eine Bagatelle einen wackren Mann
Mit übermenschlicher Unmenschlichkeit verfolgen.

MICHELANGELO.

Ich reich ihm also meine Hand, verspreche ihm,

Vor meinen Freunden ihn zu schützen, und schon sind
Wir auf dem Weg zu euch, daß ihr gesetzlich auch
Ihn wieder sässig machtet, eh das Volk ihn säh –
TORRIGIANO.
Da taucht, als wär er vorm Taranteltanz gezeugt
Mit einem schwärmenden Bajazz, ein Jüngling auf,
In buntem Zeug und ein Gehäng im Ohr, der sich
Cellini nennt. Er mag bekannt sein als mein Feind.
Dem werde ich entdeckt. Wars nicht Verrat? Der darf
Mit seinem Degen nach mir haun; auf Stelzen gen
Den Meister selber fechten. Wie er geht, soll er
Das Volk beruhigen, das nur von ihm verhetzt
Doch, als mein Name fiel, sich in die Stadt ergoß,
Und soll dafür vor Euch, den Papst hinkommen, wo
Sich mein Geschick entscheide. Folge davon ist:
Daß Euer Zorn uns aufsucht, statt wir selber Euch.
Wer sieht da nicht: Nur weil Buonarotti vor
Cellini seinem alten Hasse noch einmal
Verfiel, kams soweit, daß mein Leben nun, trotzdem
Ich seinen Handschlag hab, auf Messerschneide steht.
Er, zwischen zwei Partein, kann nicht mein Anwalt sein,
Und deshalb sprech ich selbst.
MICHELANGELO.
Versuch es, Bestie!

DER PAPST *schlägt den Torrigiano.*

Wirst du wohl schweigen, lächerlicher Nasenheld?

Indem er ihn beständig schlägt.

Corpus delicti also ist ein Stücklein Mensch,

Von dessen Niedertracht und Kleinigkeit sich mit

Dem Schnupftuch jeder greifbar überzeugen kann.

TORRIGIANO.

Nun schlägst du mich? Wer bist du denn? Spring mir doch auf

Den Rücken, wies der Affen Rottenführer tun

Im Zorn, und mach mich vor der Rotte hier zum Weib!

DER PAPST *dem ein Kardinal die Nachricht eines Boten ins Ohr geflüstert hat, zu Michelangelo.*

An der Sixtina gehen schlimme Dinge vor.

Was glaubst du, Künstlereitelkeit, daß ich nun tu?

Du größte Eitelkeit, die, weil der Schnupftabak

Im rechten Nasenloch nun breitre Gasse fand

Als wie im Linken; weil bei Frösten das Organ

Nun unsymmetrisch schnaubt, es dahin kommen läßt,

Daß unsre Heiligkeit in eigener Person

Am Feiertag in einer Werkstatt stehen muß?

Tritt einen Schritt zurück.

TORRIGIANO.

Du bist der Papst, den wir dazu gemacht, daß er
Nach Recht und nach Gesetz, und nicht nach Willkür uns
Behandelt.

MICHELANGELO.

Ich verwahre mich dagegen, daß
Hier Eitelkeit im Spiele ist. Ein Zwiespalt ist
Der Grund, daß wir hier stehn. Ich gebe zu, ich hab
Dem Manne mehr versprochen, als ich halten konnte.
Ein Irrturn wars! Ich überschätzte meine Macht,
Und unterschätzte wohl mein Herz. Der Streit ist echt,
Der draus entsprang und ausgetragen sei, doch nicht
Geknickt, wie man für Torrigiano fürchten muß.

TORRIGIANO.

Seit ich Buonarottis Handschlag hab, wich auch
Der Schein von einer Schuld von mir. Ich bin aus der
Gemeinde nicht mit Recht mehr ausgestoßen, und
So fordre ich, daß auch der Bannfluch von mir fällt,
Den Euer Vorfahr gegen mich erlassen hat.
Ich habe lang genug mich wie ein Wurm ums Recht
Gekrümmt. Ich bin kein Scheusal, das man unbesehn
Zertritt.

DER PAPST.

Wie brandet ihre Leidenschaft an mir
Hinauf! So glaubt ihr beide, und ihr alle glaubts,
Ich müsse überzeugt sein, wie ihrs längst schon seid
Daß man den Torrigiano nicht beseitigen darf,
Um reinen Handel zu gewinnen? Glaubt vielmehr,
Daß ich in Form und Würde, wies dem Papst geziemt;
In einem feierlichen Spruche, den der Schreiber
Euch eilends zu copieren und besiegeln hat,
Das Gegenteil davon erkläre und somit
Die Narretei dahier vergrößere, anstatt
Sie wegzuräumen?
TORRIGIANO.
Meinen Schutzbrief hab ich noch!
Der bändigt ihn.
MICHELANGELO.
Für den Cellini steh ich ein!
Das Volk wird sich verlaufen. Noch ist nichts geschehn!
DER PAPST.
Was ist doch eine Nase? Laßt uns sehn! Zwar blies
Der Schöpfer uns durch dies Organ die Seele ein,
Und seitdem fährt der Odem auf dem Nasenweg,
Wenn er die Lebensgeister füttert, aus und ein.
Das zeugt fürwahr von ganz besondrer Auszeichnung.
Ein Knorpel aber bleibt ein Knoten. So auch hier.

Ein Sündenfall im kleinen ward es mit der Nase.
Nach hastigen Genüssen, unzufrieden, zog
Sie aus: Nach Rosen, einer Hammelskeule, der
Geliebten Spur, und mußt insofern büßen, als
Sie jetzt zum Rauchfang an dem kleinen Hause ward,
Das Mensch sich nennt; zum Rauchfang ward, und Rauchfang blieb;
Daß ihrer Urbestimmung sich ein Fluch verband,
Der alle Riecherei versalzt, und Schnupfen heißt!
Ein dritter Fluch, der jede Art Zusammenschlaf
Gefährdet und im Schnarchen sein Verhängnis zeigt.
Und nun um solch Organ, das zwar die Daseinsglut
Behütet, doch auch Schornstein ist und Rasselwerk
Und Abzugsrohr gemeinster Säfte, dreht sich das
Geschrei ringsum. Versucht ihr immer noch, ihr Herrn,
Die Schellenkappe mir auch auf das Haupt zu tun,
Weil eurem Mummenschanz nur noch die Krone fehlt?

Zum Gefolge zurücksprechend.

Wie hieß die Meldung doch vorhin? Der Pöbelhauf –

KARDINAL.

Sei mit den Wachen handgemein geworden.

Michelangelo erschrickt. Eine neue Meldung erfolgt.

Die Kapelle ist enthüllt. Das Volk ist unterwegs
Hierher, wie mir ein zweiter Bote sagt.
DER PAPST.
Und dein
Cellini, Michelangelo?
MICHELANGELO *halb für sich.*
Ich fürchte fast,
Daß er, verführt, der Führer war!
TORRIGIANO.
Ich hin gefaßt
Auf alles! Was vermag jetzt noch ein Stück Papier?
DER PAPST.
Der niedre Mensch nur, dacht ich, lärmt, um das Gefühl
Zu haben, daß er lebt. Ei, wieviel Lärm erschallt!
Jawohl, der Papst, ich bins; doch das bedeutet hier,
Daß ich um einen Nasenvorsprung, ders Gesicht
Mit Habicht, Fuchs und Maus noch in Verwandtschaft zeigt,
Nun länger nicht mehr Schwank und Unruh dulden kann.
Ich bin es, der das rechte Maß hier noch vertritt.
Und mir obliegt die Pflicht, es wiederherzustellen.
Somit erkläre ich: Was der und jener glaubt,
Erscheint mir Torenwahn. Man droht mir mit Gewalt,
Darauf erwidre ich: Pietro Torrigiano,

Von meinem Vorfahr einst aus lächerlichem Grund
Verbannt –
TORRIGIANO.
Aus lächerlichem Grund, sagt er –
MICHELANGELO.
Nur zu!
DER PAPST.
Derselbe Torrigiano, der in Zwist steht mit
Buonarotti aus privaten Gründen, ist
In all sein Mann- und Bürgerrecht restituiert
Von Staates wegen.
TORRIGIANO.
Hör ich recht?
MICHELANGELO.
Dies Wort hat hier
Niemand erwartet. Der selbst, dens zunächst angeht,
War schon aufs Gegenteil gefaßt. Und ich gesteh,
Daß ichs auch fürchtete. Doch war er nun verdammt,
Ich hätte, eh mans ihm bestätigt, protestiert,
Wie ich dagegen protestiere, daß man ihm
Jetzt ohne Rücksicht auf den anhängenden Streit
Den Bann erläßt, bevor Cellini hier erschien.
Pietro Torrigiano hat mein Wort darauf,
Daß ich mit allen Kräften für ihn wirke, doch

Es stellt sich grade das als übereilt heraus,
Daß ich es gab, und hatte nicht das Recht dazu,
Weil er im Künstler auch das Volk beleidigte.
Drum ehe Ihr dem Florentiner Euer Wort
Bestätigt durch den Handschlag und durch Vorführung,
Hört an, was doch die Stadt, die sich so aufgeregt
Gebahrt, durch eines Mannes Mund, dem sie vertraut,
Gen Torrigiano vorbringt, wenn ich selbst mich für
Ihn in die Schanze schlage.

DER PAPST.

Was ein Bildhauer
Mit einem andern für verzwickte Händel hat,
Das ist ein Fall für sich, der nicht im Brennpunkt steht.
Jetzt sehe ich von Tollheit meine Stadt beherrscht
Und auf den Kopf gestellt, indem man revoltiert.
Da hab ich Ruh zu schaffen und zwar so: Ihr dreist
Ins Angesicht! Drum abermals: Ich lasse hier
Pietro Torrigiano, den ihr alle seht,

Er führt ihn vor.

Frei gehn, wohin er will. Dem Michelangelo
Empfehle ich Geduld und mehr Bescheidenheit;
Doch den Cellini, der aufrührerisch den Zank

Zu Unruhen benutzte – holt ihn mir hierher!

Man eilt, den Befehl zu vollziehn. Aufregung für und wider.

TORRIGIANO.
Buonarottis Groll verflog, und nun fiel auch
Die andre Schranke, die von Rom mich fernehielt?
MICHELANGELO *zum Papst.*
Der Friede einer Stadt kommt vor den Künstlernasen.
Und doch! Nimm dich in Acht vor einer Menge, die
Ein Schwärmer führt! Du forderst die Gewalt heraus.
TORRIGIANO.
Was ist das für ein Wirbel, der mich niederreißt?
Was ists, daß jedes Wenn und Aber schwand? Das Herz
Den Steinwall von sich sprengt, mit dem ichs steinigte,
Und mir wie eine Sonne in der Brust erglüht?
Die Qual ist groß, weil längst der Tränenquell versiegt
Ist, der da Lindrung schauen könnte. Größer ist
Die Lust, Wollust! So mag allein der Kreatur
Zumute sein, die sich in einem finstren Leib
Vergebens zu bewegen trachtete, und doch
Am End aus dem gespreizten Bein der Mutter dringt.
Was stöhnst du, meine Brust? Italien, du Land
Des Aetna und Vesuv, um die herum ein Volk

Von Faunen, heiter auf die Brust dahingestreckt,

Im Sonnenstrahl mit grünen Echsen spielt, dich hab

Ich wieder! Heimatland der unterirdischen Feuer,

Die jetzt, in sich versunken, jäher Säfte Glut

Auskochen in dein Menschen, Taumel in der Frucht,

Gleichdrauf in urvererbtem Haß das Land erschüttern

Und der Orange Goldball, unreif noch, zerschmeißen,

Ich kehrte dir nun doch zurück, du Sehnsuchtsland.

DER PAPST.

Wer heult da wie ein richtiges Vierlippenweib

Und trägt doch einen Bart?

MICHELANGELO *ärgerlich zu Torrigiano.*

Steh auf!

Von draußen rasch anschwellender Lärm.

TORRIGIANO *stehend.*

Rauscht nur herein,

Granate, Myrth und Lorbeer, die ich lang genug

Nicht sah! Ihr drängt euch vor den Fenstern. Seid gegrüßt!

Umschließt mich grün und fest! Ich glaubs ja kaum, daß ich,

Von Fluch und Bann erlöst, nichts mehr zu fürchten hab,

Als dies: Daß man mir nicht vergönnt, den Lebensrest,

Der mir noch blieb, für meine Dankbarkeit zu nutzen,

DER PAPST.

Mißtraut mir mehr! Ich bin zuerst ein kluger Papst.

Vierter Auftritt

Von beiden Seilen drängt viel Volk herein.

STIMMEN AUS DEM VOLK.
Heil Michelangelo! Dem Torrigiano Tod!
Er ist ein Schuft! Ein Totschläger ist er! Er pökelt
Sich Kindernasen ein und ißt sie dann! Greift an!
MICHELANGELO.
Dies Haus ist meines. Auch beherbergt es den Papst.
Hinaus!

Kniefälle. Mürrisches Zurückweichen der Menge.

Wo ist Cellini?
STIMMEN.
Heil! Cellini Heil!
Der Torrigiano wars auch, der vergangnes Jahr
Den Meister überfiel nachts beim Nachhausegehn!
Dem Torrigiano Tod! Heil Michelangelo!
MICHELANGELO.
Es ehrt mich euer Ruf. Doch kommt ihr mir jetzt nicht
Zu Paß. Verlaßt darum das Haus und schweigt!
CELLINI *arbeitet sich durch die Menge.*

Nein, bleibt!

Bleibt alle und vernehmt von mir, wie ich den hier

Verehre, unsrer abendländischen Kunst Großmeister,

Den Schirm- und Ahnherrn kommender Jahrtausende!

Mit Namen heißt er Michelangelo. So sehr

Verehr ich ihn, daß ich – nein, habt Geduld, ich muß

Das Ganze euch erzählen.

MICHELANGELO *nachdem auf einen Wink den Papstes hin die Türen geschlossen wurden.*

Sprich, wo kommst du her?

CELLINI.

Von dir, Gewaltigster!

MICHELANGELO.

Wir werden drüber reden.

Sag, was du willst!

CELLINI.

Dich selbst!

MICHELANGELO.

Sonst nichts?

CELLINI.

Dich selbst, sonst nichts!

Und ich umarmte dich, verbot es nicht die Scheu.

So wunderbar führt jeder Weg zu dir zurück.

MICHELANGELO.

Solange meine Türen nicht verschlossen sind.

CELLINI.

Wozu der Spott? Noch weißt du nichts, als daß das Volk
Mit mir in die Sixtina drang. Vernimm zuerst,
Wie mir geschah! Wohl ging ich, um die Aufregung
Zu dämpfen; doch den Groll trug ich nicht minder noch
Im Herzen gegen den Verstümmler, wie zuvor.
Ich suche zu beschwichtigen. Man höhnt mich aus
Voll Ungeduld und Neugier und Soldatenhaß.
Ich rufe: »Michelangelo hat mich geschickt!«
Mit Schlägen stößt man mich zur Seite. »Drauf und dran!«,
So schrei ich denn, »ich prüft euch nur. In Dreck die Wachen!«
Doch wie man nun dein Werk vor mir entkleidete,
Vergaß ich alles, was da um mich wob und stob:
Den Torrigiano und den Nasenstreit; das Blut,
Das von mir rann; die Welt und allen Zubehör.
Mach, was du willst mit ihm; mach ihn zum Freund und setz
Ihn über mich, nur gönn mir ein vergebend Wort!

MICHELANGELO.

Ein andrer ists, der Aufruhr zu vergeben hat.
Daß du mein Werk enthülltest und die höchste Lust
Daran mir raubtest – seis drum! Was den Torrigiano
Betrifft, so geh ich dir sogar das Wort zurück,
Das du im Überschwange sprachst. Der Papst –

CELLINI *sieht den Papst erst jetzt.*

Der Papst?

MICHELANGELO.

Nahm sich des Streits inzwischen an und hat den Mann
In alle seine Rechte wieder eingesetzt.
Dir selber als dein Ruhestörer hat zunächst
Er Schloß und Riegel zugedacht. Hör mich zu End!
Wenn du nicht neue Torheit nun begehst, nein frisch
Dich fügst, um wie gesagt mit mir um Torrigiano
Vorm Richterstuhl zu stehn, – du freilich jetzt in Haft,
Und er als freier Mann, – so bist du mehr wie je
Mein Freund, und in der Kasematte teilen wir
Den Wasserkrug und auch die Pritsche. Sonst jedoch –
War dies mein letztes Wort zu dir.

DER PAPST.

Verhaftet ihn!

CELLINI *zieht den Degen.*

Wer wagt, sich mir zu nähern?

MICHELANGELO.

Ich wags und zwar so!

Schlägt ihm den Degen aus der Faust.

CELLINI.

Was widerfährt mit hier? Was hab ich Niedrieges
Getan? Ists Sünde, vor der Menschheit Höchstem so
Zu glühn, daß die Umgebung davon mitentbrennt?
Mich selber überwinde ich am End, und wie
Ichs tu, und bring mein Herz, von Schönheit ganz zerknirscht,
Als Opfergab auf offner Hand, da schlägt man es
Mir auf den Boden hin. Der Rohling, der er ist,
Soll frei sein, ich in Ketten! Nein!

MICHELANGELO.

Ich warnte dich.

CELLINI.

Mich steckt man in die Kasematte, jener soll
Beileibe nicht dem Urteilsspruch entgehn, wenn er
Auch erst dem jüngsten Richter in die Hände fällt!

DER PAPST.

Cellini Benvenuto, du gibst zu: Du hast
Das Volk, anstatt es zu zerstreuen, zur Sixtina
Geführt und am Portal die Truppen weggedrängt?

CELLINI *trotzig.*

Und wenn ich mich zum Haupt des Frevels machte, den
Du Aufruhr nennst, ich aber nur Begeisterung?

DER PAPST.

Du gibst auch zu, als sichs um die Durchstöberung
Der Katakomben handelte, jüngst den Krawall

Erregt zu haben?

CELLINI.

Wenn ichs einräum? wer glaubt, daß
Er in Italien dann die Verzückung, die
Vom Musendienste ausgeht, als ein Staatsvergehn
Behandeln darf?

DER PAPST.

Du kennst die Strafe, die in Rom
Nach Stadtgesetzen auf dem Aufruhr steht. Zwiefach
Bist du des Aufruhrs überführt. Beantwort mir
Ein drittes: Wenn ich dir nun als dein Oberhaupt
Gestählte Fesseln an die Hände legen ließe,
Du würdest dich mit deinem Anhang wider mich,
Das Oberhaupt, empören?

CELLINI.

Grausamkeit und Hohn!

DER PAPST.

Sags klar!

MICHELANGELO.

Entscheide!

CELLINI.

Märtyrer, ein Märtyrer
Der Freundschaft bin ich! Weil ich nimmer dulden kann,
Daß man ihm ungestraft zu nahe trat, verrät

Er seine eigne Sache und wird mir zum Feind!
Denn wahrlich: auch empören würd ich mich für ihn,
Und hier ganz Rom, das einstimmt, sagt: Er ist im Recht!

Zurufe und Johlen der Menge.

MICHELANGELO *tritt zurück und zu Torrigiano.*
Ich nicht! Von heut an bin ich einsamer als je!
DER PAPST *indem er die Tiara an einen Kardinal gibt.*
So nehm ich die Tiara ab, als wär es schon
Geschehen und geglückt.

Für sich.

Ein Bürschlein, das man, wie
Den Schmetterling, mit Daum und Zeigefinger schon
Zerdrückt, hat es gewagt, mir zu begegnen!

Zu Cellini.

Sag,
Was du nun forderst!
CELLINI *zu Michelangelo.*
Bleib! Du nimmst mein Leben mit!

Ich liebte dich wie eine Braut den Bräutigam,
Wenn sie zum ersten Male liebt! Du machst mich toll!
Du reißest mir die Zunge aus!

MICHELANGELO.

Es ist vorbei!

CELLINI.

Gericht!
Ich will Gericht! Wen haß ich nicht? Vernimm noch Eins,
Buonarotti! Wenn du mich nun von dir stößt,
So fall ich unterm Henkerschwert, das mir bestimmt ist,
Wie ein Stück Schlachtvieh unterm Beile fällt. Aufs Volk
Ist kein Verlaß. – Doch ehs mir so ergeht, reiß ich
Dich mit!

MICHELANGELO.

Der Satan mag dir Herz und Hirn beschneiden!

CELLINI.

Halloh, du großer Michelangelo! So sag
Mir doch: Wie kommt es denn, daß du den Torrigiano
Einmal verfolgen konntest bis aufs Blut, und nun
Ihn schonst und hegst?

MICHELANGELO.

Was kümmerts dich?

CELLINI.

Die rechte Lust

Von früher an der Grausamkeit schwand dir dahin!
Und sag mir doch, was ists, daß du den Jammermann,
Der dich verspottete, röch er erst freie Luft –
TORRIGIANO.
Das ist nichtswürdige Verleumdung!
CELLINI.
Daß du ihn,
Pietro Torrigiano, diesen Jammermann,
Nicht einmal mehr verachten konntest, als er kam?
MICHELANGELO.
Ich weiß es nicht!
CELLINI.
Ich weiß es, und ich ahnte es!
Ists das: Daß du in jenem Sagenvolk, das Mann
Und Greis zwar kennt, jedoch kein Mittelding davon,
Zu denen zählen würdest, die man vor dem Krieg
Auf einen Baum läßt klettern, um zu sehn, ob sie
Beim Schütteln noch sich droben halten können?
MICHELANGELO.
Sieh
Dich vor, daß dich mein Faustschlag nicht, den Kopf voran,
Durchs Schuhwerk unten treibt!
DER PAPST *zu Cellini.*
Du hast Gericht verlangt.

CELLINI.

Hei, ich bin mitten drin!

Zu Michelangelo.

Zu dir nichts mehr! Du zuckst
Ja nur noch, statt zu leben; denn mein Wort war Gift.
In stillen Stunden schleichts dich an. Ich kenne dich.

Gegen Torrigiano.

Doch nun zu dem!

DER PAPST *von einem Podium herab, auf das man einen Stuhl gestellt hat.*

Wohlan! Doch Eins zuvor! Wer mich
Verstand, wenn ich jetzt sprach, erhebe seinen Arm!
Ich stehe nicht aus freier Selbstverfügung hier,
Vielmehr gezwungen durch revoltenhaft Benehmen
Des Edelmanns Cellini. Ich bezähmte mich,
Weil ich den offenen Skandal mir ins Gesicht
Hinein um eine Sache, die dem Tollhaus eher
Als der Vernunft entsprang, des eignen Ansehns wegen,
Und auch dem Staat zulieb verhüten mußte. 's ist
Ein Bruch geschehn. Bei meinem Stab: Ich werde ihn
Verkitten. Wann, womit und wie, das hört ihr noch.

Pause. Cellini erbleicht. Alle, außer ihm, seinem Anhang und Torrigiano erheben den Arm.

Der Papst ist abgesetzt. Zugleich jedoch verlangt
Man, daß ich Richter sei als Papst. Man sieht: es soll
Ein Zwischenzustand sein. Wohlan! Was gibt es nun?
Ich schwöre, daß ich soll und will nach peinlichem
Verhör urteilen, wie Gewissen es und Recht
Verlangen. Schöffe ist mein Kardinalgefolge
Und Auditorium ganz Rom.

Er setzt sich.

CELLINI.
So sprech ich denn!
Ich hier, Cellini Benvenuto, Edelmann,
Geh einem höchsten Richteramte gegen einen
Gewissen Peter Torrigiano zu bedenken
Und zu verfolgen: Daß ich doppelten Verbrechens
Der Gotteslästrung ihn beschuldige: daß ich
Dasselbe Hochgericht ersuche, ihn darnach
Zu fragen, für den Fall der Überführung aber
Die Strafe ihm erwarte, die ich selbst verwirkt,
Wenn ich ihn fälschlich nur der Gotteslästerung

Bezichtigte. Ich bin bereit, das Nähere –

DER PAPST *zu Torrigiano.*

Der Torrigiano trete vor! Wie heißest du?

Gib auch Gewerbe, Alter und die Herkunft an!

TORRIGIANO.

Pietro Torrigiano heiße ich und bin

Bildhauer von Beruf. Nach meinem Alter muß

Man mich nicht fragen; denn das Rechnen kann ich nicht,

Und das Gedächtnis hat gelitten. Doch das weiß

Ich noch, daß meine Wiege auch die Krone trug

Und nicht zuletzt: Ich bin ein Florentiner.

DER PAPST.

Du

Bist peinlich angeklagt.

TORRIGIANO.

Ich bin bereit, mich zu

Verantworten.

MICHELANGELO.

Wenns not tut, so verteidige

Ich ihn.

DER PAPST.

Von mir aus ists erlaubt. Er ist ja nicht

Mehr vogelfrei. Er steht als römischer Bürger hier.

CELLINI.

Auch mir ists einerlei. Formalitäten weg!
Fürs Erste hat besagter Torrigiano sich
Als Rohling an dem Künstler Michelangelo
Buonarotti, den der Papst aus eigenem
Verkehre kennt, vergangen, und fürs Zweite hat
Er ein Marienbild in Spanien geschändet.
Er wird sich schwerlich unterfangen, seine Schuld
Mir abzuleugnen.
TORRIGIANO.
Um Gehör! Es würde sonst
Durch ein Versäumnis meinerseits das Rechtsverfahrn
Gefährdet. Ich besitze einen Schutzbrief,

Er zieht ihn hervor.

den
Mir Englands König gab, als ich vor Monaten
Hierher mich wandte.
MICHELANGELO *greift darnach.*
Diesen Brief – –
TORRIGIANO.
Zerreiße ich!

Aufsehen.

DER PAPST.

Das gibt zu denken,

Zu Cellini.

Doch fahr fort! Zu welcher Zeit
Verübte er, weß du ihn schuldig hältst? Sodann:
Was hat ein roh Vergehn an einem Malersmann
Mit Gotteslästerung zu tun? Mir scheint, du bringst
Uns nur verwirrtes Zeug hier vor.

CELLINI.

Was kümmert mich
Die Zeit! Obs sieben oder siebzig Jahre sind,
Seitdem geschah, was hier verurteilt werden muß,
Ist gänzlich einerlei.

DER PAPST.

Gut! Du willst sagen, daß
Das Außerordentliche nicht verjährt. Wie stehts
Nun mit der ersten Lästerung?

CELLINI.

Man überführ
Ihn erst der zweiten! Flieht er doch schon seit dem Tod
Des Cäsar Borgia vorm Gericht! In Spanien

Hat er ein Marmorbild Mariens, an der Wand
Zerschmissen, daß die Stücke sprühten, und verrucht
Die Stücke noch zu Staub zertreten, sage ich.
Die Zeugen –

Zwei Männer in fremder Tracht treten vor.

DER PAPST *zu Torrigiano.*
Antwort!
TORRIGIANO.
Es bedarf der Zeugen nicht!
Ich habs getan, doch wars mein eigen Werk. Man bot
Mir einen Schandpreis, weil ich Flüchtling war, und ich
Zerschlugs.
MICHELANGELO.
Ich kanns bestätigen. Auch hätt ichs selbst
Getan.
DER PAPST.
Gleichviel! Man nahm ein Ärgernis daran,
Der Mann beweists. Die Frage drängt sich vor, wieweit
Und ob man vom Beklagten sich der Ketzerei
Versehen muß!

Sieht sich nach den Schöffen um, die nicken.

MICHELANGELO *halb für sich.*

Jetzt, Torrigiano, ists um dich

Geschehn.

DER PAPST *fortfahrend.*

Da mein ich denn, ist es von Wichtigkeit,

Daß jener Schutzbrief, den er vorhin noch zerriß,

Von einem Ketzerkönig stammte.

MICHELANGELO *nur halb unterdrückt.*

Heuchelei!

DER PAPST.

Ich komme auf die Muttergottesschändung noch

Zurück! Jetzt zu der andern Freveltat,

Zu Cellini.

Wie machst

Du sie plausibel? Wie und wo ward sie verübt?

CELLINI.

Zuerst das Letztere. Die Tat als solche ist

Mein Haupt- und Kardinalpunkt der Beschuldigung.

Sie ist bekannt von einem Pol zum anderen.

Daß ich es bin, den das Geschick erkoren hat,

Im Angesichte einer ganz verrohten Zeit

Hier vor dem Papst nichts weniger als Blutesbuße
Durchs Rad dafür zu fordern, darauf bin ich stolz;
Wenns mich auch schmerzen muß, so lächerlich verkehrt
Gerade den, um dessentwillen ich hier stehe,
Auf seilen seines Feindes als Verteidiger
Zu sehn. Doch habt Geduld und ich erklär es euch. –
Derselbe Torrigiano, der sich später auch
Am Muttergottesbild vergriff, hat zu Florenz,
Das Werkzeug war die Faust, dem Michelangelo
Buonarotti so das Nasenbein zerschlagen,
Wie man zum Trum entstellt, es heut noch sehen kann.

Man drängt sich neugierig hinzu.

DER PAPST.

Wenns ans Zertrümmern geht, dann scheinst du groß zu sein!

MICHELANGELO.

Verfluchtes Pack!

CELLINI.

Wie das mit Gotteslästerung
Zusammenhängt?

DER PAPST.

Du hast schon Recht, mein Sohn; denn ich
Errate dich!

CELLINI.

Muß ich das Fundament aufgraben,

Das uns zusammenhält? Der Papst ist, denke ich,

Der Stellvertreter Gottes; sein Gesetz die Kirche,

Die Sitte uns und Recht bedeutet, Ordnung und

Vernunft.

DER PAPST *tückisch.*

Was du da sagst, ist tief gedacht, doch sprich

Nur zu!

CELLINI.

Wer leugnet nun, daß eine Kunst, die längst

Der Papst in seinen Dienst gestellt hat, unfehlbar

Auch dessen würdig war, somit ihr Schöpfer aber

Als eine heilige Person dastand? Ich weiß,

Er wills nicht sein. Drum eben sieht man ihn statt hier

Beim Gegner stehen.

DER PAPST.

Daß man auch in diesem Fall

Nach Gotteslästrung untersuchen muß, steht fest.

Nun kommts auch hier auf die Gesinnung an, in der

Er handelte. Es ist ein Unterschied, ob er

Dabei als Wüstling oder Ketzer sich entpuppt.

MICHELANGELO.

Was jetzt hier vorgeht, ist so unerhört, als wenn

Ein Faun mit der Gerechtigkeit in Beischlaf läg!
DER PAPST *zu Torrigiano.*
Zunächst: Hast dus getan?
MICHELANGELO.
Ja wohl. Er hats getan.
DER PAPST.
Ihn fragte ich. Sprich selbst!
TORRIGIANO.
Wozu! Was solls? Ich soll
Hier nicht gerichtet, hingerichtet soll ich werden.
Was änderts da, wenn ich mich wehre? Schwiege ich,
So säh es aber wie ein Zugeständnis aus.
Ich will es euch gestehn, worin ich schuldig bin!
Ich kam nach Rom, nicht um zu leben, sondern um
Zu sterben. Ich wars, den nach Abrechnung verlangte,
Abrechnung mit euch allen, wie ihr auch hier steht.
Doch, hatte ich mein Recht erlangt, so wollt ich selbst
Mich töten. So Stands fest bei mir, noch hier in Rom.
Ich war verhetzt und müde, krank von Lebensneid;
Statt eines Herzens spürt ich einen Ziegel in
Der Brust, und Lumpen hüllten einen siechen Leib.
Mir ziemte nur der Tod, Und das ist nun die Schuld,
Von der ich sprach: Daß ich, als Michelangelo
Mir neue Lebenshoffnung weckte, als der Papst

Mir seinen Bann abnahm, mich doch verführen ließ,
Mein mir gegebnes Wort für nichts zu achten, um
Mit frommer Selbsttäuschung mich drüberwegzusetzen.
So kams, daß ich nun euer Angeklagter bin,
Als ob zu Recht bestünde, daß man mich verfolgt.
Da raffe ich mich mit dem letzten Rest von Kraft,
Und wärs nur so viel, als den Toten, wie man sagt,
Die Nägel und das Haar noch etwas weitertreibt,
Zusammen, und schreis noch einmal hinaus: mir soll
Ein lebenslänglich Unrecht widerfahren sein.
Mich riß man wie ein Unkraut aus der Welt heraus.
Mich will man nun, trotzdem mir Michelangelo
Vergab, trotzdem der Papst den Streit für lachhaft hielt,
Und mich restituierte in mein Bürgerrecht,
Auch noch zertreten, weil man fürchtet, daß ich mir
Mit einem Weibe oder Steine einen Sohn
Noch zeugen möchte, der den Namen weiterträgt.
Ja, ich zerschlug einmal dem Michelangelo
Den Nasenknorpel, daß sein Antlitz Krüppel ward.
Doch führt ich jenen Hieb nur, weil man meinen Fleiß
Verspottete. So ists, und so war ich gesinnt.
Von einer Gotteslästrung kann schon deshalb nicht
Die Rede sein, weil Michelangelo damals
Noch erst ein Knabe war. – Der Künstler selbst bezeugt

Das eine wie das andere.

MICHELANGELO.

Nehmt euch in Acht
Und pfuscht mir nicht! Ich sage mehr: Er hat gebüßt
Wie keiner noch für einen Knabenstreich. Mehr war
Das nicht, was zu Florenz geschah. Ich selbst, indem
Ich ihn verfolgte, bauschte unsern Zwist erst auf.

DER PAPST.

Cellini, wirst du dich verteidigen?

Indem er auf einen Schöffen zeigt.

Dem dünkt,
Daß Michelangelo damals noch Knabe war,
Das werfe die Bezichtigung ins Nichts zusammen.

MICHELANGELO.

Das ist hier ein Verfahren, wies die Wilden pflegen,
Wenn Kläger und wenn Richter sich verschwägert sind.
Wer hat da noch Geduld?

DER PAPST *zu Michelangelo.*

Die Unterbrechung ist
Mir stark zuwider,

Zu Cellini.

Sprich nur zu, mein Sohn!

Wie wirst

Du dich verteidigen? Du weißt, wenn dirs nicht glückt,

Ists um dich selbst geschehn.

CELLINI.

Verteidigen? Dahin

Müßts kommen; daß die Welt vollkommen auf den Kopf

Zu stehen käm! Ich, der in jenem Geisterdom,

Darin der Mensch vorm Menschen bebt, und doch ihn liebt,

Euch bis zur Spitze führte, müßte nun erleben,

Daß man mich droben hinterrücks herunterstürzt,

Weil einen ich verfolge, dem ihr Schutz gewährt

Und der an meinem Heiligtume sich vergriff.

Der Ehrfurcht hab ich Michelangelo geopfert.

Der Ehrfurcht gab ich meinen eignen Leib dahin.

Denn für die Ehrfurcht macht ich Aufruhr, wie mans nannte.

Wer darf mir sagen, daß es nur ein Hirngespinst,

Wenn ich der Ehrfurcht Priester und Prophet mich nenne?

MICHELANGELO.

Was sagt er da?

TORRIGIANO.

Es schwindelt ihm! Es schwindelt ihm!

DER PAPST *indem er aufsteht.*

Du wirst wohl an dir selber irr?

Plötzlich.

Wer hilft ihm jetzt?

Murren und Unruhe, bis Cellini weiterspricht.

CELLINI.

In was für eine Welt schau ich hinein! Was hat

Das Leben noch für einen Sinn für mich, was gilt

Mir noch des Torrigiano Tod, wenn das, was man

Die Scheu nennt, nichts mehr gilt? Ein Stich durch meine Brust,

Und Frechheit und Gemeinheit fallen sich ans Herz.

Nein! Dreimal nein. Sieht auch die Gegenwart an mir

Vorbei, die Zukunft, wenn sie zu zerfallen droht,

Erinnert sich an meine Unerbittlichkeit!

DER PAPST.

Des Jünglings Heroismus scheint mir echt zu sein.

CELLINI.

Sagt Torrigiano nicht, daß Michelangelo

Ein Kind noch war, als er ihn traf? Und sagt er nicht,

Er hab ihm seinen Spott nur heimgezahlt? Was floh
Er dann vor dem Lorenzo Medici, wenn er
Die Schwere des Verbrechens nicht ermaß? Was nahm
Er Kriegsdienst bei Cesare Borgia, wenn er nicht
Als Schlächter sich erschien? Was trieb nach Spanien
Ihn hin, wenn nicht der allgemeine Haß auf ihn,
Der zwar nicht frägt »Warum?«, doch immer richtig fühlt?
Wer ist denn noch so tief verrottet, daß er sich
In Deutschland Henker schelten läßt und Schindersmann?
Wer ist kein Ketzer, den der König Englands schützt?
Und nicht von frechestem Gemüt, daß er es wagt,
Trotz alledem nach Rom um Wiedereinsetzung
Zu kommen? Wiederholt: Das Rad hat er verdient!

Tumult.

TORRIGIANO.
Der Streit ist aus! Ich geb ihn auf!
MICHELANGELO *schiebt ihn beiseite.*
Du bist ein Laffe!
Der Streit, beginnt! Denn ich behaupte, daß ein Mann
Hier steht, in dem ein wunderbarer Geist sich bricht
Wie im Kristall der Sonnenstrahl, und daß für Recht
Ein Mord an ihm geschäh, wenn er verurteilt würde.

Was man als angeborne Skrupellosigkeit
An ihm verdammt, das stellt sich anders dar, wenn man
Den Torrigiano schon gekannt hat in Florenz.
Jähzornig war er, daß er mit der Staffelei
Nach Fliegen in die Luft schlug, wenn sie ihn umschwirrten.
Ein Bube war er nicht. Habt erst Respekt vor ihm,
Der so mit jeder Kreatur empfand, daß er
Ein halb verfaultes Bettlerscheusal noch ertrug;
Der so in stolzerhobner Art beschaffen war,
Daß er sich einmal einen Dienst von mir verbat,
Weil ihm der Dank dafür zu hoch zu stehen komme.
Ich ward für tot hinweggetragen. Darum mußt
Er fliehen. Ich verfolgte ihn von Ort zu Ort.
Drum war er, wo man in der Menschheit Bodensatz
Ihn findet, stets hineingezwungen. Wenn der Mann
Nach einem halben Menschenalter Höllenfahrt
Die Kraft noch findet, vor uns hinzutreten, so
Beweists nur eines: Daß ein Drang nach Wahrheit und
Nach Echtheit seines Unglücks in ihm flammte, wie
Er nimmer in verrottetem Gemüte sich
Entzünden wird.

CELLINI.

Da seht ihr Michelangelo!

DER PAPST *setzt sich.*

MICHELANGELO.

Nun Papst? Heraus den Spruch! Was wiegst du lang das Haupt?

Was gibts noch zu bedenken? Der Prozeß ist klar!

DER PAPST.

Der Spruch, der Spruch, er fällt mir immer leicht!

Zu Michelangelo.

Du sagst,

Wir haben es mit einem neuen Heiligen

Zu tun. Er nennt ihn alles Göttlichen Erzfeind

Aus wüstem Ehrfurchtsmangel, der die Welt zerstört.

Du gehst soweit, daß du ihn selbst verteidigst, ob

Er gleich an dir zumeist gefrevelt haben soll.

Er geht noch weiter, revoltiert und opfert sich.

Der Guelf beweist, der Ghibellin beweist, und doch

Kann nur ein Urteil fallen. Ja, der Mensch ist schwach!

Tritt ein Dilemma nur an ihn heran, ists schon

Um ihn geschehn. Die heilige Inquisition

Säh klarer in die Dinge, denn in ihr trat stets

Ein ganz besondrer Geist des Lichts zutag; doch sie

Ward nur für Ketzer eingesetzt, und Ketzerei

Kommt hier nicht in Betracht. Dies eine wenigstens

Steht fest!

MICHELANGELO.

Ihr Römer, euer Papst, er heuchelt nur!
Er fürchtet, wenn er Torrigiano freispricht, seis
Um seinen Thron geschehn. Man kennt die alte Furcht.
Doch nicht ein Potentatenschicksal gilts, es gilt
Ein ehrliches Gericht. Der Papst hats zu vollziehn
Im Namen aller, denen Wohl und Weh der Stadt
Auch über einen momentanen Streit hinaus
Am Herzen liegt. Ich denke, darin stimmen die
Parteien überein. Vollzieht ers nicht, so mag
Er auch den wüsten Knäul der Nachgeburt, die auf
Sein Unrecht folgt, vertreten, bis sich schließlich zeigt,
Daß man in Rom den höchsten Stuhl nicht länger dem
Vertraut, der Bürgersleute, die nicht schuldig sind,
Der eignen Selbstbehauptung wegen opfern muß.

DER PAPST.

Buonarotti hüte seine Zunge mehr!
Er hat die Rechte des Verteidigers, doch nicht
Das Recht, den Richter zu verleumden ohne Grund.
In Rom ist jetzt der Edelmann Cellini Herr,
Solange der Prozeß noch währt, und wer da wagt,
Cellinis Diener hämisch anzugreifen, muß
Gewärtigen, daß dieser sich bei seinem Herrn

Und gegenwärtigen Oberhaupt Genugtuung
Verschafft. Noch ists nicht soweit, daß die Anarchie
In Rom die alte Wolfsstadt auferstehen ließ.

Den Faden wieder aufnehmend.

Ein Ketzer also ist der Torrigiano nicht.
Doch die Verbrennung war ihm auch nicht zuverlangt.
Hat er nun Gott gelästert und verdient, daß man
Ihm auf dem Rade das Gebein zerschlägt?
MICHELANGELO *sich abwendend.*
Da bleibt
Nichts übrig, als der Meisel und der Hammer!

Bearbeitet einen hohen Marmorblock, daß die Stücke fliegen.

TORRIGIANO UND CELLINI *zugleich.*
Sags!
DER PAPST *nachdem er sich nach den Schöffen umsah.*
Der Schöffe schweigt. Ich denke hin und denke her.
In unsrer Frage nach des Torrigiano Schuld
Erübrigt uns nur eins. Es soll entschieden sein,
So oder so. Cellinis Ungeduld verlangts.
Doch zur Entscheidung zeigt das Werkzeug sich zu stumpf.

Was tat man wohl zu früherer Zeit in solchem Fall?
Man wandte sich zur höhern Macht hinauf, die dann
Mit einem Griff hienieden alles ordnete.
Wenn man den heutigen Tag zurückbetrachtet, lag
Das Ziel ja ungeahnt nur halb verhüllt, das ich
Jetzt so gestalte: Hält sich Torrigiano selbst
Für schuldig oder nicht? Mit einem Worte:

TORRIGIANO *will sprechen, schweigt.*

MICHELANGELO *der wieder herbeigekommen ist.*

Nein!

DER PAPST.

So sage ich ihm denn: Bei dem, der jeden Puls
In der geheimsten Brust durchschaut: Wie du dich selbst
Gebahrst, ob ungebändigt, oder demutsvoll,
Wenn du vernimmst, daß wir dem Schöpfer hier den Spruch
Vertraun: Das erstre gilt dir Tod, das andre Leben!
Denn wir betrachten es als Urteil Gottes.

CELLINI.

Wohl!

TORRIGIANO *springt in die Mitte vor, über dem Haupt den Degen schwingend.*

Der Gipfel der Verrücktheit ist erreicht! Die Welt
Bricht auseinander. Schlagt sie ganz ins Nichts hinein!

Großer Tumult.

DER PAPST *richtet sich hoch auf.*

Er ist vom höchsten Finger angerührt! Er tobt!

Er tobt! Wer ihn nicht fesselt, werfe sich aufs Knie

Und bete an!

MICHELANGELO *verhüllt sich die Augen.*

Sie reißen ihn –

CELLINI *unerbittlich.*

Zu Boden! So

Ists recht!

Torrigiano fällt, während er sich durchsticht, mit einem Knäul von Männern zu Boden. Alle andern, außer Cellini und Michelangelo knien.

DER PAPST *indem man ihm die Tiara aufsetzt.*

Der Nasenstreit ist aus! Die Krone her!

Vorhang.

www.ingramcontent.com/pod-product-compliance
Ingram Content Group UK Ltd.
Pitfield, Milton Keynes, MK11 3LW, UK
UKHW020219250726
13967UKWH00001B/90

9 781471 099687